BEI GRIN MACHT SICH IHR
WISSEN BEZAHLT

- Wir veröffentlichen Ihre Hausarbeit,
  Bachelor- und Masterarbeit

- Ihr eigenes eBook und Buch -
  weltweit in allen wichtigen Shops

- Verdienen Sie an jedem Verkauf

Jetzt bei www.GRIN.com hochladen
und kostenlos publizieren

Bibliografische Information der Deutschen Nationalbibliothek:

Die Deutsche Bibliothek verzeichnet diese Publikation in der Deutschen National-
bibliografie; detaillierte bibliografische Daten sind im Internet über http://dnb.d-
nb.de/ abrufbar.

Impressum:

Copyright © 2018 GRIN Verlag
Druck und Bindung: Books on Demand GmbH, Norderstedt Germany
ISBN: 9783346134936

Sandra Rebholz

Krafttraining. Trainingsplan im Mesozyklus

GRIN Verlag

GRIN - Your knowledge has value

Der GRIN Verlag publiziert seit 1998 wissenschaftliche Arbeiten von Studenten, Hochschullehrern und anderen Akademikern als eBook und gedrucktes Buch. Die Verlagswebsite www.grin.com ist die ideale Plattform zur Veröffentlichung von Hausarbeiten, Abschlussarbeiten, wissenschaftlichen Aufsätzen, Dissertationen und Fachbüchern.

Besuchen Sie uns im Internet:

http://www.grin.com/

http://www.facebook.com/grincom

http://www.twitter.com/grin_com

Deutsche Hochschule für
Prävention und Gesundheitsmanagement
Hermann Neuberger Sportschule 3
66123 Saarbrücken

Einsendeaufgabe

Fachmodul: Trainingslehre I

Studiengang: BFÖ

Datum
Präsenzphase: 23.04.2018-26.04.2018

Name, Vorname: Rebholz, Sandra

Studienort: **München**

Semester: **WS17**

Inhaltsverzeichnis

1 Diagnose der Testperson

1.1 Allgemeine und biometrische Daten

Personenbeschreibung:

20-jähriger Mann, Beruf: Auszubildender Industriekaufmann im 3. Lehrjahr, Körpergröße: 1,88m, Körpergewicht: 89,2kg, Blutdruck: 124/86 mmHg, BMI: 25,0

Subjektive Beschwerden: Keine

Frühere sportliche Aktivität: 3x pro Woche Fußball und 3-4x pro Woche Fitnesstraining im Fitnessstudio ohne systematische Trainingsplanung

Aktuelle sportliche Aktivitäten: min. 2x pro Woche Fitnesstraining im Fitnessstudio ohne systematische Trainingsplanung

Kundenwunsch: Muskelaufbau, Gewichtsreduktion

Die Tab. 1 veranschaulicht die Diagnosedaten der ausgewählten Person. Anhand der Anamnese, zu Beginn der Trainingsplanung, ließen sich die Diagnosedaten wie folgt bewerten und einordnen:

Tab. 1: Bewertung der Diagnosedaten der ausgewählten Testperson

Bewertung der Diagnosedaten:		
Blutdruck: 124/86 mmHg	**Norm:** 120/80 mmhHg	**Bewertung:** normal
Sonstiges: 89,2kg/KG	**Bewertung:** leichtes Übergewicht (BMI:25,0)	

Die Normwerte und Blutdruckklassifizierung wurden durch die World Health Organization (Chalmers J et al., 1999, S. 11–12)in zwei Bereiche eingeteilt. Der Normalblutduck lässt sich in drei Kategorien einstufen. Des Weiteren bestehen drei verschieden gradige Stufen des Bluthochdrucks. Die folgende Tab.2 stuft den 20-jährigen Auszubildenden laut WHO (Chalmers J et al., 1999, S. 11–12) in den Normalbereich der Blutdrucknormwerte ein.

Tab. 2: Blutdrucknormwerte (modifiziert nach Chalmers J et al., 1999, S. 11–12)

Bewertungsstufen	Systolischer Blutdruck (mmHg)	Diastolischer Blutdruck (mmHg)
Normalblutdruck		
optimal	<120	<80
normal	<130	<85
hochnormal	130-139	85-89
Bluthochdruck (arterielle Hypertonie)		
Stufe 1	140-159	90-99
Stufe 2	160-179	100-109
Stufe 3	>180	>110

Tab. 3: Einstufung der BMI-Werte (modifiziert nach WHO Consultation, 1999, S. 9)

Klassifizierung	BMI
Untergewicht	<18,5
Normalgewicht	18,5-24,99
Übergewicht	≥25,0
Leichtes Übergewicht	25,0-29,99
Fettleibigkeit Stufe 1	30,0-34,99
Fettleibigkeit Stufe 2	30,5-39,99
Fettleibigkeit Stufe 3	≥40,0

Liegt der BMI Wert ≥25,0, so befindet sich die Person im leichten Übergewicht (WHO Consultation, 1999). Aus der Tab. 3 lassen sich Normwerte und Klassifizierungen des BMI entnehmen.

1.2 Krafttestung

Der 20-Jährige Azubi absolvierte den X-RM-Test (Mehrwiederholungstest) zu Beginn der Trainingsplanung. In der Fitness und Gesundheitsbranche auch als die Individuelle-Leistungsbild-Methode (ILB-Methode) und beste Methode der Krafttestung bekannt, da Motivation durch Erfolg geprägt ist und somit zur langfristigen Zielerreichung beiträgt. Der Eingangstest wurde mit submaximaler Kontraktion der Muskeln bis zur Muskeler-schöpfung durchgeführt.

Die 14-tägige Gewöhnungsphase an der ausgewählten Übung ist Voraussetzung des Mehrwiederholungskrafttests, da hierbei auf eine fehlerfreie Ausführung geachtet wird, und der 20-Jährige mit dem Gerät vertraut wurde (Zimmer, 1999).

Die vorher definierte Wiederholungszahl lag bei 10. Somit führte er den Test mit 10RM aus. Das Ziel des Mehrwiederholungskrafttests ist es, das Gewicht herauszufinden, das er maximal bewältigen kann, bei einer Übung von 10 korrekt ausgeführten Wiederholungen.

Nach dieser Gewöhnungsphase folgte der eigentliche Test am Latzug.

Nach dem allgemeinen und speziellen Aufwärmen folge der erste Testsatz. Das Testgewicht von 27kg errechnete sich aus 30% des Körpergewichtes des Mannes.

Als nächster Schritt folgte der zweite Testsatz, da der Proband den ersten Testsatz mit einer Wiederholungszahl von 10 nach eigenem subjektivem Empfinden als nicht anstrengend empfunden hat. Somit wurde das Testgewicht um 20% erhöht. Die nun 32kg bewältigte er gerade noch so bei 10 Wiederholungen. Das Gewicht von 32kg gilt als 100% bei dieser Übung. Somit war ein dritter Testsatz nicht mehr notwendig. Mehr als 2-3 Testsätze sollten niemals durchgeführt werden, da dies zu einem verfälschten Ergebnis führen würde, da unsere Muskulatur von der fortschreitenden Ermüdung beeinflusst ist (Pauls, 2011, S. 118).

Der ILB-Test wird vor jedem Mesozyklus mit allen, für den Zyklus, vorgesehenen Übungen erneut durchgeführt, um die richtige Intensität zu ermitteln. Die Intensität im jeweiligen Mesozyklus bleibt gleich, jedoch erhöhen dich die Wiederholungszahlen pro Woche, somit wird jede Woche ein neuer Reiz an der betroffenen Muskulatur gesetzt.

Das nun ermittelte Testgewicht von 32kg wurde später in die Trainingsplanung einbezogen.

Die nachfolgende Tab. 4 verdeutlicht den Testablauf eines Mehrwiederholungskrafttests nach Zimmer (1999) an der Übung Latzug. Des Weiteren enthält die Tabelle das ermittelte Testgewicht im jeweiligen Testsatz.

Die Leistungsentwicklung wird durch die ILB-Methode vor jedem Mesozyklus dokumentiert um die neue Intensität einzstellen. Außerdem wird zu Schluss der sechs Monate wieder ein ILB-Test durchgeführt und mit dem Eingangstest verglichen. Damit kann das Ziel der Kraftsteigerung der Testperson herausgefunden werden. Nach sechs Monaten intensivem Training, wird der Makrozyklus mit mehr Kraft wiederholt.

Tab. 4: Methodischer Untersuchungsverlauf zur Ermittlung des 10RM an der Übung Latzug (Testablaufschema nach Zimmer, 1999, S.45-47)

Mehrwiederholungskrafttest (10-RM-Test):	
1.Schritt	Allgemeines und spezielles Aufwärmen
2.Schritt	1.Testsatz: Latzug 27kg (30% des Körpergewichts)
3.Schritt	2.Testsatz: Erhöhung um 20% des Testgewichts (32kg)
4.Schritt	Ergebnis umsetzen in der Trainingsplanung

Diese ILB-Methode wurde gewählt, da der 20-jährige Mann, trotz jahrelangem Krafttraining, ohne systematischen Trainingsplan trainierte. Die ILB-Methode führt später zu einem nachvollziehbaren Trainingseffekt (Kraftsteigerung). Durch den ILB-Test wird die Referenzgröße für die Berechnung der Trainingsintensitäten ermittelt, die zu einer kontinuierlichen Leistungssteigerung der Testperson führen soll.

2 Zielsetzung und Diagnose

Die Testperson lag von Anfang an sehr viel Wert auf Muskelaufbau und Gewichtsreduktion. Somit sanden diese Ziele im Vordergrund. Grundlegend ließen sich die in Tab. 5 folgenden drei Ziele ableiten.

Da die Gewichtsreduktion von der Körperfettreduktion abhängig ist, spielt das bei der Testperson eine wichtige Rolle. Durch die Reduktion des Körperfettanteiles soll sich auch der BMI senken, dass sich die Testperson durch den ausgerechneten BMI später im Bereich des Normalgewichtes befindet (vgl. Tab. 3). Das Ziel wird hier klar auf die Senkung des Körperfettanteils gelegt.

Aus der Anamnese lässt sich die Begründung des Zieles des Muskelaufbaus ableiten und mit dem Erreichen der Hypertrophie geht das dritte Ziel der Kraftsteigerung einher.

Tab. 5: Ziele der Testperson, Klassifiziert nach Inhalt, Ausmaß und Zeit

Ableitung von Zielen:		
Inhalt: Muskelaufbau	Ausmaß: + 2kg	Zeit: 6 Monate
Inhalt: Körperfettanteil (KfA) Reduktion	Ausmaß: -2kg	Zeit: 1 Monat
Inhalt: Kraftsteigerung	Ausmaß: + 10%	Zeit: 6 Monate

3   Trainingsplanung Makrozyklus

Tab. 6: Makrozyklusplanung über 6 Monate, Klassifiziert nach Trainingsparametern und 4 Mesozyklen

	Mesozyklus I	Mesozyklus II	Mesozyklus III	Mesozyklus IV
Dauer	6 Wochen	6 Wochen	6 Wochen	6 Wochen
Trainingsmethode	Kraftausdauer	Muskelaufbau (extensiv)	Muskelaufbau (intensiv)	Maximalkraft
Organisationsform	GK/Station	GK/ Station	GK/Station	GK/Station
Häufigkeit/Woche	2x/Woche	2x/Woche	2x/Woche	2x/Woche
Übungen/Muskel	1-2	1-2	2	2
Sätze/Übung	2	2-3	2-3	2-3
Intensität nach ILB in %	60-70	70	80	90
Wiederholungen	15-20	11-12	7-8	1-3
Bewegungstempo (TUT)	2/0/2	2/0/2	2/0/2	2/0/2
Satzpausen	30sek.	2min.	2min.	3-4min.

Der erste Mesozyklus des Probanden besteht aus einem sechswöchigen Krautausdauer-training, das zu einer Verbesserung der Kraftausdauerleistung führt. Zudem wird die Kraftausdauer als Einstig gewählt, weil sie als Basistraining für die folgenden höheren Intensitäten gilt. Die Vermutung und die Angst des Probanden, beim Kraftausdauertrai-ning Muskelmasse zu verlieren, konnte wiederlegt werden, da die Kraftausdauer mit mehr als 30% der Maximalkraft trainiert wird, das zu einem Erhalt und nicht zu einem Verlust der Muskelmasse führt. Des Weiteren ist die Verbesserung des aerob-laktaziden Muskelstoffwechsel eine Anpassungserscheinung des Kraftausdauertrainings, das beim späteren Muskelaufbau- und Maximalkrafttraining zu einem Herauszögern des Muskel-versagens führt. In kürzester Zeit muss der Muskel viel Energie bereitstellen. Bei schlechter Sauerstoffzufuhr verzichtet er auf die aerobe Energiezufuhr. Er schüttet Milchsäure (Laktat) aus und die Energiebereitstellung fällt in die anaerobe Glykolyse. Diese Bereitstellung der Energie führt zum Ermüdungsabbruch, der sich durch ein Brennen oder Ziehen im Muskel bemerkbar macht. Letztendlich führt das Kraftausdau-ertraining zu einem verbesserten Sauerstofftransport und Glykolysestoffwechsel (Pauls, 2011, S. 81). Charaktereigenschaften der Kraftausdauer sind die vielen Wiederholungs-zahlen und die kurzen Satzpausen.

Da die Schwerpunktsetzung der Testperson auf dem Muskelaufbau liegt, folgt auf den ersten Mesozyklus ein sechswöchiges extensives Hypertrophietraining. Da die Testper-son zwar jahrelanges Krafttraining absolvierte, aber noch nie nach einem Hypertro-phietrainingsplan trainierte, wird zuerst die extensive Methode gewählt. Hypertro-phietraining ist nicht nur die Maßnahme zur Körperformung (Muskelaufau), sondern unterstützt auch die Körperfettreduktion, die bei der Testperson als drittes Ziel genannt wurde. Der Muskel wächst in den Trainingspausen, deshalb wird beim Muskelaufbau-training eine Pause zwischen 2-3 Tagen empfohlen. Nach dem Trainingsreiz folgt die Ermüdung unter das Ausgangsniveau der Testperson. Darauf folgt die Wiederherstel-lung des Leistungsniveaus über das zu Ausgangsniveau hinaus. Setzt man nun den neu-en Trainingsreiz, z.B. mit einer neuen Trainingseinheit, so befindet man sich in der Su-perkompensation und man kann von einer Leistungssteigerung (Muskelaufbau) ausge-hen. Die nachfolgende Abb. 1 veranschaulicht das Prinzip der Superkompensation.

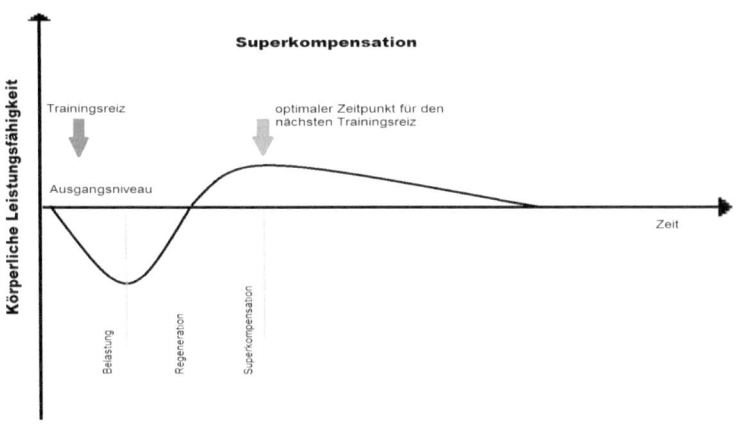

Abb. 1: Prinzip der Superkompensation (modifiziert nach HealthScience.fs-training, 2015)

Als nächster Mesozyklus wurde der Muskelaufbau intensiv gewählt. Er fördert eine Steigerung des Grundumsatzes, der eine wichtige Rolle bei der Gewichtsreduktion und des Fettabbaus spielt. Der Muskel verbrennt mehr Kalorien, umso stärker er trainiert ist. Der Muskel hält Sehnen, Knochen und Bänder stabil, die wiederum die Leistungsfähigkeit zusammen mit einem guten Herz-Kreislauf-System erhalten. Darüber hinaus ist bekannt, dass unsere Muskelmasse im Alter abnimmt, daher ist ein effektives Muskelaufbautraining sinnvoll einzusetzen. Ausschlaggebend für die Zunahme der Muskelmasse ist die Vergrößerung des Muskelquerschnitts, der durch Hypertrphietraining erreicht wird und somit mehr Kräfte entwickelt werden können (Zatsiorsky, 1996).

Im vierten Mesozyklus wurde ein Maximalkrafttraining eingebaut. Sie führt zu einer Kraftsteigerung und ist die Basisgröße für Kraftausdauer und Schnellkraft. Die Maximalkraft lässt sich durch intramuskuläre Koordination und durch intermuskuläre Koordination steigern. Somit trainiert die intermuskuläre Koordination das Zusammenspiel von Antagonist und Synergist (Pauls, 2011, S. 75). Zudem lernt der Proband durch das Maximalkrafttraining seine vorhandene Muskelmasse koordinativ ideal einzusetzen (Pauls, 2011, S. 77). Die motorischen Einheiten werden rekrutiert, die einen Mehrvorteil hinsichtlich der Leistung bieten. An erster Stelle des Maximalkrafttrainings steht die Verbesserung der inter- und intramuskulären Koordination. Zudem schützt sie vor Verletzungen, da unser Nervensystem die Muskeln besser einsetzen kann. Die Leistungssteigerung, die durch das Maximalkrafttraining erreicht wird, lässt neue, intensivere Muskelaufbaureize setzten, die wiederum die Körperfettreduktion unterstützen.

Die Häufigkeit der vier Mesozyklen wurde auf die vorhandene Zeit der Testperson angepasst und ist somit durchgehend über die 6 Monate ausschlaggebend.

Da die Testperson aus Zeitgründen nur 2x die Woche ein Training absolvieren kann, ist das Ganzkörpertraining für alle Mesozyklen geeignet. Zudem würde ein Split Training eine längere Regenerationszeit beanspruchen.

Das Stationstraining wurde gewählt, da so die Fehlerquellen reduziert werden und die Testperson sich auf alle Sätze an einer Übung besser konzentrieren kann.

Die Belastungsumfänge des Makrozyklus sind auch für einen Fortgeschrittenen ausreichend. Jedoch sollte darauf geachtet werden, dass sich die Übungen pro Muskelgruppe erhöhen, um einen guten Effekt zu erreichen (Pauls, 2011, S. 76).

Anhand des Belastungstempos lässt sich durchgehend eine TUT von 2/0/2 einsetzen. Der Muskel arbeitet sowohl in der exzentrischen, als auch in der konzentrischen Phase.

Die Intensität wurde jeweils anhand des ILB-Tests vor jedem Mesozyklus gemessen und folge dessen der Trainingsmethode angepasst.

Allen vier Mesozyklen wurde eine Dauer von 6 Wochen zugeteilt. Der Muskel hat eine mindestens 4-wöchiger Gewöhnungsphase an die neue Belastung und neuen Übungen bis er mit Anpassungen reagiert.

Die angegebenen Sätze pro Übung sind im Großen und Ganzen abhängig von den Übungen im jeweiligen Mesozyklus. Da ein effektives Krafttraining nicht länger als 60 Minuten dauern soll, passen sich die Sätze pro Übung dementsprechend an. Gleiches gilt für die Übungen pro Muskelgruppe. Zum einen sind sie abhängig vom Trainingsumfang, zum anderen vom Ausmaß der Wiederholungszahlen. Viele Wiederholungen heißt mehr Belastung auf den Muskel insgesamt.

Die Zielsetzung der Testperson (Kraftsteigerung) lässt die Auswahl auf eine lineare Periodisierung bzw. Blockperiodisierung fallen (Fröhlich, M., Müller, T., Schmidtbleicher, D. & Emrich, E., 2009; Kraemer, W. J. & Fleck, S. J., 2007). Charakteristische Eigenschaften der linearen Periodisierung sind regressiv abnehmende Wiederholungszahlen bei progressiv ansteigenden Intensitäten. Dazu passend, das Prinzip der variierenden Belastung, das ein einseitiges Training vermeiden und einen optimalen Effekt erzielen soll.

.

4 Trainingsplanung Mesozyklus

Tab. 7: Ausgewählter Mesozyklus Hypertrophie extensiv

	Mesozyklus II
Dauer	6-8 Wochen
Trainingsmethode	Muskelaufbau
Organisationsform	GK/Station
Häufigkeit/Woche	2x/Woche
Übungen/Muskel	1-2
Sätze/Übung	2-3
Intensität nach ILB in %	70
Wiederholungen	11-12
TUT	2/0/2
Satzpausen	2min.

Die genaue Übungsauswahl des ausgewählten Mesozyklus der Hypertrophie extensi (Tab. 7) war abhängig von mehreren Faktoren. Zum einen wird mit den Übungen jede Muskelgruppe trainiert, die eine Voraussetzung für das Ganzkörpertraining darstellen. Zum anderen wurde die Anzahl der Übungen anhand der vorgegebenen Zeitspanne für ein intensives Krafttraining gewählt. Alle acht ausgewählten Übungen mit einer TUT von zwei Sekunden exzentrische, sowie konzentrischer Arbeitsphase des Muskels, mitgerechnet die jeweiligen Satzpausen von zwei Minuten, ergeben ein Hypertrophietraining von 65 Minuten. Damit ist eine konzentrierte Ganzkörpertrainingseinheit gesichert. Der größte trainierbare Muskel (M. quadriceps femoris) steht am Anfang der Trainingseinheit, da dieser am meisten Energie benötigt und somit, vor allem ausschlaggebend bei jungen Männern, am meisten Testosteron freisetzt. Das bedeutende Hormon für das Muskelwachstum. Mit jeweils drei Sätzen pro Übung ist der Unterkörper mit den Übungen Beinstrecker und Beinbeuger abgedeckt.

Der Oberkörper besteht aus fünf verschiedenen Muskelgruppen, die im Trainingsplan der Testperson jeweils eine Übung beinhalten. Durch den Aspekt des Muskelmassenanteils steht M. latissimus dorsi an erster Stelle, der durch die Latzugübung abgedeckt ist. Auch der Aspekt der Komplexität darf nicht vergessen werden, da eine Vorermüdung des Synergisten zu vermeiden ist, werden mehrgelenkige Übungen vor eingelenkigen Übungen trainiert (Bompa, T. O. & Carrera, M. C., 2005, S. 69). Daher ist die zweite Übung des Oberkörpers das Bankdrücken mit der Langhantel, das den M. pectoralis major beansprucht. Die drei letzten Übungen des Oberkörpers folgen dem Aspekt des koordinativen Anspruchs und der Komplexität. Hierbei sollte bei allen Übungen auf die richtige Technik und Ausführung geachtet werden. Zusammenfassend stehen die koordinativ anspruchsvollen vor den koordinativ schwächeren Übungen im Trainingsplan. Die beanspruchte Muskulatur des M. triceps brachii, M. biceps brachii und des M. deltoideus pars acromialis sind somit die drei letzten Übungen des Oberkörpers.

Die letzte der acht Übungen beansprucht die Muskulatur des Rumpfes, die für unsere Testperson mit langer Trainingserfahrung dementsprechend ausgewählt wurde.

Im Folgenden werden die Vorteile der Übungen an geführten Maschinen, mit freien Gewichten, an Seilzügen und funktionsgymnastischer Übungen aufgeführt:

- geführte Maschinen:
  - weniger Fehlausführung durch geringe Übungsvarianz
  - einfaches und schnelles Erlernen der Übungsausführung
- freie Gewichte:
  - i.d.R. feinere Gewichtseinstellung möglich
  - intermuskuläre Koordination wird besser geschult
- Seilzüge:
  - durch verstellbare Umlenkrollen Bewegungsabläufe in alle Richtungen möglich
  - Flaschenzugprinzip ermöglicht feinere Gewichtseinstellung
- funktionsgymnastische Übungen:
  - Muskelgruppen können isoliert trainiert werden
  - Bewegungen mit Alltagsbezug

Tab. 8: Mesozyklusplanung Hypertrophie extensiv, Klassifiziert nach beanspruchter Muskulatur, Wiederholungen, Sätzen und Satzpausen/min.

Übungen	Beanspruchte Muskelgruppe	WDH	Sätze	Satzpausen/min.
Beinstrecker geführt	M. quadriceps femoris	11-12	3	2
Beinbeuger geführt	M. biceps femoris	11-12	3	2
Latzug geführt	M. latissimus dorsi	11-12	3	2
Langhantelbankdrücken	M. pectoralis major	11-12	3	2
Kurzhantelseitheben	M. deltoideus, pars acromialis	11-12	3	2
Seilzug Trizeps	M. triceps brachii	11-12	3	2
Kurzhantelbizepscurls	M. biceps brachii	11-12	3	2
Unterarmstütz	M. rectus abdominis & M. errector spinae	11-12	3	2

5   Literaturrecherche

Tab. 9: Wissenschaftliche Studien für Effekte des Krafttrainings bei Diabetes mellitus Typ 2 (modifiziert nach Castaneda et al., 2002; Cauza et al., 2005)

Studie 1	Fragestellung	Studie 2
Castaneda et al.	Wer hat die Studie durchgeführt?	Cauza et al.
Dezember 2002	In welchem Jahr wurde die Studie publiziert?	August 2005
62 Erwachsene (40 Frauen, 22 Männer), mit Diabetes mellitus Typ 2, Alter: 58-74 Jahre	Mit welchen Versuchspersonen wurde die Studie durchgeführt?	Krafttrainingsgruppe: 21 Testpersonen (11 Frauen, 11 Männer), Diabetes mellitus Typ 2 seit 5,3-12,3 Jahren, Alter: 55,1-57,3 Jahre Ausdauertrainingsgruppe: 17 Testpersonen (8 Frauen, 9 Männer), Diabetes Typ 2 seit 7,5-10,9 Jahren, Alter: 56,5-59,3 Jahre
Die 62 Versuchspersonen wurden aufgeteilt in eine Kontrollgruppe und in eine Gruppe, die 16 Wochen Krafttraining 3x/Woche durchführten. Vor und nach dem Versuch wurden der Hämoglobinspiegel, die Körperzusammensetzung und der Muskelglykogenspeicher gemessen Die Ergebnisse wurden verglichen.	Wie sah der Versuchsaufbau der Studie aus?	Vor und nach dem Versuch wurden Blutzucker, glykosiertes Hämoglobin (HbA1c) und Insulin gemessen. Krafttrainingsgruppe:4 Monate Krafttraining, bis zu 6 Sätzen pro Muskelgruppe/Woche Ausdauertrainingsgruppe: 4 Monate Ausdauertraining, 3x/Woche, 60% des max. Sauerstoffverbrauchs,15-30min.
16 Wochen Krafttraining führte zu: einem verringerten Hämoglobinspiegel im Blut, einer Erhöhung des Muskelglykogenspeichers, einer Reduktion der Dosis der Diabetesmedikamente bei 72%	Welche relevanten Ergebnisse und Schlussfolgerungen liefert die Studie?	Rückgang von Hämoglobin, sowie die Veränderung des Blutzuckers und des Insulins ins Positive, nur bei der Krafttrainingsgruppe. Zudem hat die Messung eine Senkung des Gesamtcolesterins, des Lipoproteins und

der Versuchspersonen. Die Kontrollgruppe führte zu folgenden Ergebnissen: keine Veränderung des Hämoglobinspiegels, Verringerung des Muskelglykogenspeichers, Anstieg der Diabetesmedikamente um 42%.	der Triglyzeridkonzentration ergeben. Solche signifikanten Veränderungen wurden in der Ausdauergruppe nicht festgestellt.

6   Literaturverzeichnis

Bompa, T. O. & Carrera, M. C. (2005): Periodization training for sports. Sci-ence-based strength and conditioning plans for 20 sports (2. ed.).

Castaneda, Carmen; Layne, Jennifer E.; Munoz-Orians, Leda; Gordon, Patricia L.; Walsmith, Joseph; Foldvari, Mona et al. (2002): A Randomized Controlled Trial of Resistance Exercise Training to Improve Glycemic Control in Older Adults With Type 2 Diabetes.

Cauza, Edmund; Hanusch-Enserer, Ursula; Strasser, Barbara; Ludvik, Bernhard; Metz-Schimmerl, Sylvia; Pacini, Giovanni et al. (2005): The relative benefits of endurance and strength training on the metabolic factors and muscle function of people with type 2 diabetes mellitus (8).

Chalmers J et al. (1999): World Health Organization-International Society of Hypertension Guidelines for the Management of Hypertension.

Fröhlich, M., Müller, T., Schmidtbleicher, D. & Emrich, E. (2009): Outcome-Effekte verschiedener Periodisierungsmodelle im Krafttraining. Hg. v. Deutsche Zeitschrift für Sportmedizin, 60 (10).

HealthScience.fs-training (2015): Superkompensation: Die optimale Reaktion des Körpers auf einen Trainingsreiz. Online verfügbar unter https://fstraining.wordpress.com/2015/07/23/superkompensation-die-optimale-reaktion-des-koerpers-auf-einen-trainingsreiz/, zuletzt geprüft am 10.05.2018.

Jan Pauls (2011): Das große Buch vom Krafttraining. Hg. v. Copress Sport.

Kraemer, W. J. & Fleck, S. J. (2007): Optimizing strength training. Designing nonlinear periodization workouts: Ill: Human Kinetics.

Marc Zimmer (1999): Entwicklung und Erprobung eines Mehrwiederholungstests zur Erfassung der Kraftleistung im Fitneß-Training.

Marco Haupert (2007): Zur Belastungsbestimmung im fitnessorientierten Krafttraining. Eine explorative Studie zur Methodik.

WHO Consultation (1999): Obesity: preventing and managing the global epidemic.

Zatsiorsky V. (1996): Krafttraining-Praxis und Wissenschaft. Aachen: Meyer & Meyer.

7 Tabellenverzeichnis

BEI GRIN MACHT SICH IHR WISSEN BEZAHLT

- Wir veröffentlichen Ihre Hausarbeit,
  Bachelor- und Masterarbeit

- Ihr eigenes eBook und Buch -
  weltweit in allen wichtigen Shops

- Verdienen Sie an jedem Verkauf

Jetzt bei www.GRIN.com hochladen
und kostenlos publizieren